Rodolfo "Corky" Gonzales

Chicano Activist

Rodolfo "Corky" Gonzales

Activista chicano

Rodolfo "Corky" Gonzales

Activista chicano

por Jorge-Ayn Riley

Filter Press, LLC
Palmer Lake, Colorado

Rodolfo "Corky" Gonzales
Jorge-Ayn Riley

Este libro está dedicado a mis familiares
y amigos, quienes me brindaron su
apoyo mientras lo escribía.

ISBN: 978-0-86541-182-1
LCCN: 2013947135

Producido con el apoyo de la organización Colorado Humanities y el fondo National Endowment for the Humanities. Las opiniones, hallazgos, conclusiones o recomendaciones expresadas en la presente publicación no necesariamente representan los de la organización Colorado Humanities o los del fondo National Endowment for the Humanities.

Foto de portada cortesía de la Biblioteca Denver Public Library, Colección de Historia Occidental

© 2013, Escuelas Públicas de Denver y organización Colorado Humanities.

No se permite la reproducción o transmisión de la presente publicación en ninguna forma o por ningún medio sin el consentimiento por escrito de la editorial. Comunicarse con Filter Press, LLC, por teléfono al 888.570.2663 o por correo electrónico a info@FilterPressBooks.com.

Impreso en los Estados Unidos de América

Publicado por Filter Press, LLC, en cooperación con
las Escuelas Públicas de Denver y la organización
Colorado Humanities.

Grandes vidas de la historia de Colorado

Augusta Tabor por Diane Major
Barney Ford por Jamie Trumbull
Benjamin Lindsey por Gretchen Allgeier
Bill Hosokawa por Steve Walsh
Charles Boettcher por Grace Zirkelbach
Chief Ouray por Steve Walsh
Chin Lin Sou por Janet Taggart
Clara Brown por Suzanne Frachetti
Doc Susie por Penny Cunningham
Elbridge Gerry por Jennifer L. Buck
Emily Griffith por Emily C. Post
Enos Mills por Steve Walsh
Fannie Mae Duncan por Angela Dire
Felipe y Dolores Baca por E. E. Duncan
Florence Sabin por Stacey Simmons
Frances Wisebart Jacobs por Martha Biery
Hazel Schmoll por Penny Cunningham
Helen Hunt Jackson por E. E. Duncan
Kate Slaughterback por Lindsay McNatt
Katharine Lee Bates por Monique Cooper-Sload
John Dyer por Jane A. Eaton
John Routt por Rhonda Rau
John Wesley Powell por Suzanne Curtis
Josephine Aspinwall Roche por Martha Biery
Justina Ford por K. A. Anadiotis
Little Raven por Cat DeRose
Otto Mears por Grace Zirkelbach
Ralph Carr por E. E. Duncan
Richard Russell por Christine Winn
Robert Speer por Stacy Turnbull
Rodolfo "Corky" Gonzales por Jorge-Ayn Riley
William Bent por Cheryl Beckwith
Zebulon Montgomery Pike por Steve Walsh

Empezamos a avanzar.
¡La Raza!
¡Méxicano!
¡Latino!
¡Chicano!
O lo que me llame yo,
Yo parezco lo mismo
Yo siento lo mismo
Yo lloro y canto lo mismo.

De "Yo Soy Joaquín"
por Rodolfo Gonzales

Contenido

Introducción 1
Los primeros años 2
La carrera de boxeador 6
Los negocios y la política 10
Activista 13
Los últimos años 18

Preguntas para reflexionar 21
Preguntas para los integrantes
   del programa Young Chautauqua .. 21
Glosario 22
Línea cronológica 26
Bibliografía 28
Índice 29
Acerca de esta serie 30
Reconocimientos 32
Acerca de la autora 34

Rodolfo "Corky" Gonzales, 1928–2005

A menudo, Corky le hablaba a la multitud sobre sus ideas para la comunidad chicana. Es probable que esta fotografía de 1960 se haya tomado en el capitolio del estado de Colorado.

Introducción

Rodolfo Gonzales fue un hombre que vio y vivió en carne propia los conflictos de los chicanos (mexicoamericanos). Debido a su sentido de orgullo de su **herencia cultural** y sus habilidades de liderazgo, se convirtió en un **activista** que trabajó para crear oportunidades para los mexicoamericanos y los afroamericanos. Él quería ayudarlos a valorar sus culturas.

Los primeros años

Rodolfo Gonzales nació el 18 de julio de 1928 en Denver, Colorado. La vida no era fácil para Corky y sus hermanos y hermanas. Su madre falleció cuando tenía dos años. Su padre crió a Corky y a sus ocho hermanos y hermanas. Vivían en el lado este del barrio, un vecindario de habla hispana en Denver. El padre de Corky, Federico, era de Buena Ventura, Chihuahua, México. La madre de Corky, Indalesia Lucero, nació en Colorado en 1889. El padre de Corky crió a sus hijos con mano firme pero también afectuosa. Su padre a menudo contaba anécdotas de cuando se marchó de México siendo joven para ir a vivir a los Estados Unidos. Su padre también solía hablar de la historia de México y de la **dignidad** de sus habitantes.

Las historias que su padre contó dejaron una huella que perduró en Rodolfo y que

Corky creció en el barrio de lado este de Denver. Su tío lo apodó "Corky" (Corchito) porque siempre "saltaba como un corcho" con sus comentarios y opiniones.

☞ *Rodolfo "Corky" Gonzales*

tuvieron un gran impacto en su vida. Rodolfo fue siempre muy directo. A menudo expresaba sus opiniones. Uno de sus tíos lo apodó "Corky" (Corchito) porque de niño, Rodolfo siempre "saltaba como un corcho" con sus comentarios y opiniones.

Corky se enfrentó a muchos obstáculos a una edad temprana. Sabía que una buena educación lo ayudaría a superar los desafíos de la pobreza y la **discriminación**. Asistió a muchas Escuelas Públicas de Denver, incluidas las escuelas primarias Gilpin y Whittier, las escuelas secundarias Lake y Baker, y la Escuela Preparatoria West. Tenía "B" de promedio y, a los dieciséis años, Corky obtuvo su diploma de bachiller y se graduó de la Escuela Preparatoria Manual en 1944.

Corky pudo continuar con sus estudios mientras trabajaba a tiempo parcial. Tuvo trabajos desde que tuvo diez años de edad. Trabajó como colocador de pinos en las pistas de bolos y como peón agrícola recogiendo vegetales. Luego de culminar la secundaria, Corky quería asistir a la universidad y estudiar **ingeniería**. Trabajaba duro y ahorraba el dinero que ganaba en trabajos extraños y en el trabajo que tenía en Gates Rubber Company en Denver.

Corky se inscribió en la Universidad de Denver, una universidad privada. En la década de 1940, era común que un estudiante de chicano asistiera a una universidad privada. Luego del primer trimestre, Corky se dio cuenta que era demasiado costoso asistir a la Universidad de Denver y decidió discontinuar los estudios. Esta decisión abrió un nuevo capítulo en la vida de Corky.

La carrera de boxeador

Corky no tuvo muchas opciones de carrera. Una carrera que estaba abierta para los chicanos jóvenes era el boxeo. En 1944, comenzó a boxear como **peso pluma** porque pesaba apenas 125 libras. Entrenó y boxeó en el Club de Boxeo Epworth en Denver donde ganó los torneos de Guantes de Oro y Guantes de Diamante. Corky fue un boxeador exitoso. En 1946, fue el campeón regional **amateur** de Colorado de peso mosca. También fue campeón nacional de peso gallo de la Unión Atlética Amateur.

En 1947, Corky se convirtió en boxeador profesional y comenzó a ganar dinero de las peleas de boxeo. Como boxeador profesional, peleó 75 veces y ganó 65 peleas. Durante su época de boxeador, Corky vivió en Omaha, Nebraska y Minneapolis-St. Paul, Minnesota. Peló contra grandes boxeadores en ciudades

Corky Gonzales se convirtió en boxeador profesional en 1947. El boxeo le dio la oportunidad de viajar a ciudades de todos los Estados Unidos como un orgulloso boxeador estadounidense con ascendencia mexicana.

importantes de todos los Estados Unidos, representando a los chicanos con orgullo. En 1952, su último combate profesional recaudó dinero para la Fundación Latinoamericana para la Educación en Denver. *Ring Magazine*, una revista de boxeo, lo clasificó como el tercer mejor boxeador del mundo. Más adelante, en 1988, Corky ingresó al Salón de la Fama de los Deportes de Colorado.

En 1949, se casó con Geraldine Romero, una joven de Brighton, Colorado. Finalmente, la pareja formó una familia de ocho hijos: seis mujeres y dos varones.

Cortesía de la Biblioteca DPL, Colección de Historia Occidental

Corky y Geraldine Romero Gonzales el día de su boda en 1949.

Los negocios y la política

Luego de una carrera exitosa como boxeador, Corky se convirtió en un empresario en Denver. Abrió un club llamado Corky's Corner en la esquina de 38th Avenue y Walnut Street. Fue uno de los primeros bares deportivos de Denver. Muchos chicanos se reunían allí para hablar sobre los acontecimientos del día, las inquietudes de su comunidad así como de otros asuntos.

Mientras criaba a sus hijos y trabajaba, Corky también participó en la **política**. En 1955, se postuló como candidato para el concejo de la ciudad para representar a la comunidad de **Five Points**. El lema de su campaña era "DETÉNGASE, OBSERVE y VOTE por Corky Gonzales". Durante su campaña política, Corky expresó su preocupación por muchos problemas que enfrentaba su comunidad y se comprometió a trabajar duro por los habitantes de Five Points. Prometió trabajar para generar más actividades para los jóvenes así como para crear nuevos y mejores proyectos de vivienda social. También quería que su comunidad tuviera mejores oportunidades de empleo y que la ciudad de Denver considerara bajar los impuestos para los habitantes de Five Points. A pesar de sus ideas, Corky perdió la elección.

En 1957, Corky fue el primer mexicoamericano en ser electo jefe de distrito para el Partido Demócrata. En la década de 1960, el alcalde Thomas Currigan lo nombró director del cuerpo Denver Neighborhood Youth Corps. Durante esta época, Corky también sirvió como director de la organización War on Poverty, que ayudaba a las personas pobres.

Luego de perder la elección para el concejo de la ciudad, Corky continuaba resuelto a servir a su comunidad como un líder político. Corky hizo campaña para John F. Kennedy, quien se postuló como candidato a presidente de los Estados Unidos en 1960. En 1964, Corky se postuló como candidato a senador y en 1967 como alcalde de Denver, pero fue derrotado por Thomas Currigan. A pesar de que no ganó ninguna de estas elecciones, continuó buscando formas de mejorar la vida de las personas de su comunidad.

Activista

Corky continuó trabajando para ayudar a las personas de la comunidad chicana. En 1965, fundó la organización Crusade for Justice. Esta organización condujo al **movimiento chicano** a nivel nacional que ayudó a ofrecer una educación igualitaria para los mexicoamericanos así como a una mayor concientización sobre la discriminación contra las **minorías**. Durante este período, Corky escribió su famoso poema "Yo Soy Joaquín". Este poema cuenta los viajes de un joven llamado Joaquín, que viaja a través de la historia. Comienza como un indio azteca, luego como un mexicano y finalmente como un mexicoamericano. Muchos chicanos se inspiraron en este poema porque los hacía sentirse orgullosos de su historia y de sus propias travesías. Este poema se leía en voz alta en **concentraciones** y se interpretaba como una obra de teatro. Hoy en día, el poema es muy leído.

En 1970, Corky abrió una escuela para los niños chicanos. La misión de la escuela era brindar un lugar familiar donde se pudieran celebrar las ideas, culturas, valores y experiencias de los chicanos. La escuela se llamó Escuela Tlatelolco. Además de enseñar a los niños, la escuela ofrecía capacitación práctica a los docentes para que pudieran educar mejor a los estudiantes chicanos. Corky quería incluir las artes en la celebración de su gente y comenzó la **compañía** de danza Ballet Chicano de Aztlan así como una compañía teatral que denominó El Teatro Pachuco como parte de la escuela. La Escuela Tlatelolco todavía funciona en la zona oeste de Denver y una de las hijas de Corky ha sido directora de la escuela.

Algunas personas consideraban que el activismo de Corky era **controversial** y, en ocasiones, peligroso. Organizaba **protestas**

Además de escritor, poeta y líder chicano, Corky era un hombre de familia. En esta fotografía está rodeado de los integrantes de su familia.

y hablaba sobre la **justicia** para todas las personas en los campos universitarios de todo el país así como en el extranjero. En 1968, dirigió a un grupo de personas a la Campaña por la Población Pobre en Washington, D.C., que organizó el Dr. Martin Luther King Jr. Ese mismo año, Corky organizó una protesta estudiantil en la Escuela Preparatoria West motivado por los comentarios **racistas** de un profesor sobre los estudiantes chicanos. La comunidad chicana cuestionó el accionar del Departamento de Policía de Denver durante las protestas estudiantiles. Algunas personas pensaron que la policía empleó una fuerza excesiva contra los estudiantes.

Corky organizó la primera Conferencia Nacional de Jóvenes Chicanos. Esta se llevó a cabo en Denver, Colorado, en 1969, y llevó a la redacción de El Plan Espiritual de Aztlan, un documento que detallaba los problemas y exigencias de los chicanos. La conferencia de jóvenes también celebraba la identidad cultural y el orgullo chicano.

En los años siguientes, Corky continuó siendo un activista y dando discursos en campos universitarios y por todo el país sobre los derechos de las minorías y de los pobres. También continuó escribiendo sobre estos problemas. Trabajó en colaboración con otras personas para organizar un **sindicato** para los peones agrícolas **zafrales** mexicoamericanos. Durante la década de 1970, la influencia de Corky en el movimiento chicano disminuyó. Ya no era tan fuerte como lo había sido antes.

A medida que el tiempo transcurría, regresó al pugilismo pero esta vez para enseñar boxeo y entrenar a los boxeadores.

Los últimos años

Corky sufrió un accidente automovilístico en 1978. Luego del accidente, su salud decayó. Falleció el 12 de abril de 2005 en su casa rodeado de sus familiares y amigos. Tenía setenta y seis años. Corky mantuvo su independencia hasta sus últimos días. Durante la etapa final de su enfermedad, decidió irse del hospital. Dijo: "Soy **indígena**. Voy a morir en casa con mi familia".

El 17 de abril de 2005, cientos de personas marcharon para celebrar la vida de Corky Gonzales y su influencia en el movimiento chicano así como la lucha por la **justicia social** para todas las personas **oprimidas**. Los dolientes caminaron desde la Escuela Tlatelolco, la escuela independiente que Corky fundó, hasta una concentración en Mestizo-Curtis Park. Muchos de los amigos de Corky hablaron en la concentración que celebraba las luchas y los logros de Corky. Líderes locales y nacionales hablaron sobre sus contribuciones a la comunidad chicana. El anterior alcalde de Denver, Federico Peña, dijo: "Él abrió muchas puertas. Muchas personas en este parque nos apoyamos en su hombro, y entre ellas, me incluyo".

En la primavera de 2013, la Comisión de la Biblioteca de Denver votó para que una nueva biblioteca se bautizara Corky Gonzales. La decisión fue controvertida debido al pasado activista de Corky. Algunas personas dicen que Corky luchó contra la policía y no merecía que se bautizara una biblioteca en su honor. Otras estaban de acuerdo en que se hubiera hecho así. El gobernador John Hickenlooper, anterior alcalde de Wellington Webb, y otros dijeron que Corky era un poeta, que había trabajado junto con Martin Luther King Jr., y que creía que todas las personas debían tener los mismos derechos. Luego de la discusión, la biblioteca en Colfax Avenue y Irving Street se bautizó en honor a él.

Rodolfo "Corky" Gonzales era un hombre cuya visión era la de igualdad para los chicanos. Quería que estos decidieran su propio destino, que ganaran poder económico y político y que fueran respetados. Dedicó toda su vida en pro de estas metas. Corky una vez dijo: "Ningún hombre tiene derecho a oprimir a las personas, y todas las personas oprimidas tienen derecho una **revolución**."

Preguntas para reflexionar

- ¿Cuáles fueron las luchas y los desafíos en la vida de Corky?

- ¿Cómo se llama el famoso poema de Corky? ¿De qué se trata el poema?

- ¿De qué forma las peleas de Corky a una edad temprana lo prepararon para ser un líder de su gente?

- ¿De qué manera puedes ayudar a las personas de tu comunidad que luchan por una vida mejor?

Preguntas para los integrantes del programa Young Chautauqua

- ¿Por qué se me recuerda (o se me debería recordar) en la historia?

- ¿Qué dificultades enfrenté y cómo las superé?

- ¿Cuál es mi contexto histórico (qué otras cosas sucedían en mi época)?

Glosario

Activista: persona que cree en la acción por la fuerza, como demostraciones en masa, con fines políticos.

Amateur: persona que participa en una actividad con fines recreativos y no por dinero.

Compañía: cuerpo de bailarines formado para representar en un escenario.

Concentraciones: reunión de un gran número de personas para promover un fin en común.

Controversial: que genera desacuerdos o disputas.

Dignidad: cualidad de ser digno, honrado y respetado.

Discriminación: práctica que consiste en tratar a otros injustamente debido a su raza o alguna otra característica que no pueden cambiar.

Five Points: uno de los vecindarios más antiguos de Denver, al noreste del centro de la ciudad. Five Points recibió su nombre porque las calles se unen y lucen como una estrella de cinco puntas.

Herencia cultural: tradiciones e historia que se transmiten de generación a generación.

Indígena: que se produce, crece o vive naturalmente en una región o entorno particular.

Ingeniería: desarrollar y utilizar recursos de maneras útiles para las personas, como diseñar y construir caminos, puentes, represas o máquinas y en crear nuevos productos.

Justicia: imparcialidad.

Justicia social: tratar a todas las personas de forma justa.

Minorías: parte de la población que se diferencia de otros grupos debido a ciertas características y que, con frecuencia, recibe un trato injusto.

Movimiento chicano: serie de programas y eventos que llamaron la atención sobre la historia y la cultura de los mexicoamericanos y que buscó incrementar la influencia de estos.

Oprimidas: controladas o gobernadas de un modo severo o cruel.

Peso pluma: peso muy ligero; una persona que pesa poco, en especial un boxeador en una categoría que no pasa las 126 libras.

Política: guiar o ejercer influencia en el gobierno al ser electo para un cargo, como servir de alcalde de una ciudad o gobernador de un estado.

Protestas: demostraciones de desaprobación.

Racistas: personas que dicriminan u odian a ortras por su raza.

Revolución: cambio repentino, extremo o total.

Sindicato: organización que busca mejorar las condiciones de trabajo, los salarios y los beneficios para los trabajadores.

Zafrales: personas que se trasladan de un lugar a otro para encontrar trabajo.

Línea cronológica

1928
Nace Rodolfo "Corky" Gonzales en el Hospital General de Denver.

1944
Corky se gradúa de la Escuela Preparatoria Manual.

1947
Corky comienza a boxear a nivel profesional.

1955
Corky se retira del boxeo y se postula para concejal de la ciudad de Denver.

1960
Corky hizo campaña por el candidato a presidente John F. Kennedy.

1964
Corky se postula al Senado del Estado de Colorado State.

Línea cronológica

1966
Corky funda la organización Crusade for Justice.

1967
Corky escribe su poema épico: "Yo Soy Joaquín". Corky se presentó como candidato para ser alcalde de Denver.

1968
Corky lidera la Campaña por la Población Pobre y la demostración para la región sudoeste para la marcha en Washington.

1969
La organización Crusade for Justice lleva a cabo la primera Conferencia Nacional de Jóvenes Chicanos en Denver.

2005
Rodolfo "Corky" Gonzales fallece en Denver.

2013
Un ala de la biblioteca Denver Public Library se bautiza en honor a Corky.

Bibliografía

Encyclopedia of the Great Plains. "Corky Gonzales". http://plainshumanities.unl.edu/encyclopedia/doc/egp.ha.015

Escuela chárter Escuela Tlatelolco. www.escuelatlatelolco.org/Escuela_2013/Corky.html.

Mariscal, Jorge, "The Passing of a Legend", *El Semanario,* Denver, 21 de abril de 2005.

Meyer, Jeremy P., "Library to Carry Activist's Name", *Denver Post*, 21 de junio de 2013.

Munoz, Daniel H., "Civil Rights Icon 'Corky' Gonzales Dies at 76", *La Prensa,* San Diego, California, 15 de abril de 2005.

Quintero, Fernando, "Hundreds Celebrate Gonzales", *Rocky Mountain News,* 18 de abril de 2005.

Riley, Jorge-Ayn. Entrevista a Nita Gonzales, 19 de julio de 2012.

Roper, Peter, "Disciples Pay Tribute to Chicano Leader", *Pueblo Chieftain*, 24 de abril de 2005.

Sahagun Louis, "Rodolfo Gonzales, 76; Prizefighter, Poet, and Fervent Chicano Activist", *Los Angeles Times*, 14 de abril de 2005.

Wood, Richard E. *Here Lies Colorado.* Helena, Montana: Farcountry Press, 2005.

Índice

Ballet Chicano de Aztlan, 14

Club de boxeo Epworth, 6
Comisión de la Biblioteca de Denver, 19
Corky's Corner, 10
Currigan, Thomas, 12

El Teatro Pachuco, 14
Escuela Preparatoria Manual, 4
Escuela Preparatoria West, 4, 15
Escuela Tlatelolco, 14, 18

Five Points, 10–11

Gonzales, Geraldine Romero, 8, 9
Gonzales, Rodolfo
  campañas políticas, 10–12
  carrera de boxeador, 6–8
  educación, 4–5
  fallecimiento, 18
  matrimonio, 10
  nacimiento, 2
  padres, 2

Kennedy, Presidente John F., 11–12
King, Martin Luther Jr., 15, 19

Movimiento chicano, 13, 16

organización Crusade for Justice, 13
organización War on Poverty, 11

Salón de la Fama de los Deportes de Colorado, 8

Universidad de Denver, 5

"Yo Soy Joaquín" (poema), 13

Acerca de esta serie

En 2008, la organización Colorado Humanities y el Departamento de Estudios Sociales de las Escuelas Públicas de Denver se asociaron a fin de implementar el programa Young Chautauqua de Colorado Humanities en las Escuelas Públicas de Denver y crear una serie de biografías sobre personajes históricos de Colorado, escritas por maestros para jóvenes lectores. El proyecto se denominó "Writing Biographies for Young People". Filter Press se sumó al proyecto en 2010 para publicar las biografías en una serie que se tituló "Grandes vidas en la historia de Colorado".

Los autores voluntarios, maestros de profesión, se comprometieron a investigar y escribir la biografía de un personaje histórico de su elección. Se informaron sobre el programa Young Chautauqua de Colorado Humanities a través de sus portavoces y participaron en un taller de cuatro días que incluyó el recorrido por tres importantes bibliotecas de Denver: el centro de investigación Stephen H. Hart Library and Research Center en el centro History Colorado, el Departamento de Genealogía e Historia Occidental de la biblioteca Denver Public Library y la biblioteca Blair-Caldwell African American Research Library. Para escribir las biografías, emplearon las mismas destrezas que se espera de los estudiantes: la identificación y localización de recursos confiables para la investigación, la documentación de dichos recursos y la elección de información adecuada a partir de ellos.

El resultado del esfuerzo de los maestros fue la publicación de trece biografías en 2011 y veinte en 2013. Al tener acceso a la colección curricular completa de las biografías elaboradas acorde a su edad, los estudiantes podrán leer e investigar por sus propios medios y aprender valiosas habilidades de escritura e investigación a temprana edad.

Con la lectura de cada biografía, los estudiantes adquirirán conocimientos y aprenderán a valorar las luchas y vicisitudes que superaron nuestros antepasados, la época en la que vivieron y por qué deben ser recordados en la historia.

El conocimiento es poder. Las biografías de la serie "Grandes vidas en la historia de Colorado" ayudarán a que los estudiantes de Colorado descubran lo emocionante que es aprender historia a través de las vidas de sus héroes.

Se puede obtener información sobre la serie a través de cualquiera de los tres socios:

Filter Press en www.FilterPressBooks.com
Colorado Humanities en www.ColoradoHumanities.org
Escuelas Públicas de Denver en curriculum.dpsk12.org/

Reconocimientos

La organización Colorado Humanities y las Escuelas Públicas de Denver agradecen a las numerosas personas que contribuyeron con la serie "Grandes vidas en la historia de Colorado". Entre ellas se encuentran:

Los maestros que aceptaron el desafío de escribir las biografías.

Dra. Jeanne Abrams, directora de la sociedad histórica judía Rocky Mountain Jewish Historical Society, y Frances Wisebart Jacobs, experta.

Paul Andrews y Nancy Humphry, Felipe y Dolores Baca, expertos.

Dra. Anne Bell, directora del programa Teaching with Primary Sources, University of Northern Colorado.

Analía Bernardi, traductora bilingüe, Escuelas Públicas de Denver.

Mary Jane Bradbury, portavoz Chautauqua de la organización Colorado Humanities, y Augusta Tabor, experta.

Joel' Bradley, coordinador de proyectos, Escuelas Públicas de Denver.

Sue Breeze, portavoz Chautauqua de la organización Colorado Humanities, y Katharine Lee Bates, experta.

Betty Jo Brenner, coordinadora de programas, organización Colorado Humanities.

Tim Brenner, editor.

Margaret Coval, directora ejecutiva, organización Colorado Humanities.

Michelle Delgado, coordinadora de Estudios Sociales de Enseñanza Primaria, Escuelas Públicas de Denver.

Jennifer Dewey, bibliotecaria de consulta, biblioteca Denver Public Library, Departamento de Genealogía e Historia Occidental.

Jen Dibbern y Laura Ruttum Senturia, biblioteca y centro de investigación Stephen H. Hart Library and Research Center, centro History Colorado.

Coi Drummond-Gehrig, director de Investigación y Ventas de Imagen Digital, biblioteca Denver Public Library.

Susan Marie Frontczak, portavoz Chautauqua de la organización Colorado Humanities y orientadora del programa Young Chautauqua.

Tony Garcia, director artístico ejecutivo de El Centro Su Teatro y Rodolfo "Corky" Gonzales, experto.

Melissa Gurney, Museos de la Ciudad de Greeley, centro de investigación Hazel E. Johnson Research Center.

Jim Havey, Productor/Fotógrafo, Havey Productions, Denver, Colorado.

Josephine Jones, directora de programas, organización Colorado Humanities.

Beth Kooima, diseñador gráfico, Kooima Kreations

Jim Kroll, director, Departamento de Genealogía e Historia Occidental, biblioteca Denver Public Library.

Steve Lee, portavoz Chautauqua de la organización Colorado Humanities, y Otto Mears, experto.

April Legg, desarrolladora de programas escolares, centro History Colorado, Programas de Educación y Desarrollo.

Nelson Molina, editor de español y asesor de traducción.

Terry Nelson, director de Recursos Comunitarios y Colecciones Especiales, biblioteca Blair-Caldwell African American Research Library, y Fannie Mae Duncan, experta.

Jessy Randall, curadora de Colecciones Especiales, Colorado College, Colorado Springs, Colorado.

Elma Ruiz, coordinadora de Estudios Sociales K–5, Escuelas Públicas de Denver, 2005–2009.

Keith Schrum, curador de libros y manuscritos, biblioteca y centro de investigación Stephen H. Hart Library and Research Center, centro History Colorado.

William Thomas, biblioteca Pikes Peak Library District.

Danny Walker, bibliotecario principal, biblioteca Blair-Caldwell African American Research Library.

Dr. William Wei, profesor de Historia, Universidad de Colorado, Boulder, y Chin Lin Sou, experto.

Acerca de la autora

Jorge-Ayn (Jay) Riley es originaria de Denver. Asistió a la Escuela Primaria Stedman, a la Escuela Secundaria Smiley y a la Escuela Preparatoria Manual. Posee diplomas avanzados de la Universidad de Denver. Jorge-Ayn ha estado en la educación pública durante más de veinticinco años. Ha sido maestra y administradora en el Condado de Douglas, Denver y en los distritos escolares del Condado de Jefferson. Jay tiene una hija y vive en Denver con su perro Riley.

Acerca de la autora

About the Author

About the Author

Jorge-Ayn (Jay) Riley is a Denver native. She attended, Stedman Elementary School, Smiley Middle School, and Manual High School. She has advanced degrees from the University of Colorado and the University of Northern Colorado. Jorge-Ayn has been in public education for more than 25 years. She has been a teacher and administrator in the Denver, Douglas County, and Jefferson County school districts. Jay has one daughter and lives in Denver with her dog, Riley.

Susan Marie Frontczak, Colorado Humanities Chautauqua speaker and Young Chautauqua coach

Tony Garcia, Executive Artistic Director of El Centro Su Teatro and Rodolfo "Corky" Gonzales subject expert

Melissa Gurney, City of Greeley Museums, Hazel E. Johnson Research Center

Jim Havey, Producer/Photographer, Havey Productions, Denver, Colorado

Josephine Jones, Director of Programs, Colorado Humanities

Beth Kooima, graphic designer, Kooima Kreations

Jim Kroll, Manager, Western History and Genealogy Department, Denver Public Library

Steve Lee, Colorado Humanities Chautauqua speaker and Otto Mears subject expert

April Legg, School Program Developer, History Colorado, Education and Development Programs

Nelson Molina, Spanish language editor and translation consultant

Terry Nelson, Special Collection and Community Resource Manager, Blair-Caldwell African American Research Library and Fannie Mae Duncan subject expert

Jessy Randall, Curator of Special Collections, Colorado College, Colorado Springs, Colorado

Elma Ruiz, K–5 Social Studies Coordinator, Denver Public Schools, 2005–2009

Keith Schrum, Curator of Books and Manuscripts, Stephen H. Hart Library and Research Center, History Colorado

William Thomas, Pike Peak Library District

Danny Walker, Senior Librarian, Blair-Caldwell African American Research Library

Dr. William Wei, Professor of History, University of Colorado, Boulder, and Chin Lin Sou subject expert

Acknowledgments

Colorado Humanities and Denver Public Schools acknowledge the many contributors to the Great Lives in Colorado History series. Among them are the following:

The teachers who accepted the challenge of writing the biographies
Dr. Jeanne Abrams, Director of the Rocky Mountain Jewish Historical Society and Frances Wisebart Jacobs subject expert
Paul Andrews and Nancy Humphry, Felipe and Dolores Baca subject experts
Dr. Anne Bell, Director, Teaching with Primary Sources, University of Northern Colorado
Analía Bernardi, Spanish Translator, Denver Public Schools
Mary Jane Bradbury, Colorado Humanities Chautauqua speaker and Augusta Tabor subject expert
Joel' Bradley, Project Coordinator, Denver Public Schools
Sue Breeze, Colorado Humanities Chautuaqua speaker and Katharine Lee Bates subject expert
Betty Jo Brenner, Program Coordinator, Colorado Humanities
Tim Brenner, editor
Margaret Coval, Executive Director, Colorado Humanities
Michelle Delgado, Elementary Social Studies Coordinator, Denver Public Schools
Jennifer Dewey, Reference Librarian, Denver Public Library, Western History Genealogy Department
Jen Dibbern and Laura Ruttum Senturia, Stephen H. Hart Library and Research Center, History Colorado
Coi Drummond-Gehrig, Digital Image Sales and Research Manager, Denver Public Library

research and writing skills at a young age. As they read each biography, students will gain knowledge and appreciation of the struggles and hardships overcome by people from our past, the time period in which they lived, and why they should be remembered in history.

Knowledge is power. The Great Lives in Colorado History biographies will help Colorado students know the excitement of learning history through the life stories of heroes.

Information about the series can be obtained from any of the three partners:

Filter Press at www.FilterPressBooks.com
Colorado Humanities at www.ColoradoHumanities.org
Denver Public Schools at curriculum.dpsk12.org

About This Series

In 2008 Colorado Humanities and Denver Public Schools' Social Studies Department began a partnership to bring Colorado Humanities' Young Chautauqua program to DPS and to create a series of biographies of Colorado historical figures written by teachers for young readers. The project was called Writing Biographies for Young People. Filter Press joined the effort to publish the biographies in 2010 under the series title Great Lives in Colorado History.

The volunteer teacher-writers committed to research and write the biography of a historic figure of their choice. The teacher-writers learned from Colorado Humanities Young Chautauqua speakers and authors and participated in a four-day workshop that included touring three major libraries in Denver: The Stephen H. Hart Library and Research Center at History Colorado, the Western History and Genealogy Department in the Denver Public Library, and the Blair-Caldwell African American Research Library. To write the biographies, they used the same skills expected of students: identify and locate reliable sources for research, document those sources, and choose appropriate information from the resources.

The teachers' efforts resulted in the publication of thirteen biographies in 2011 and twenty in 2013. With access to the full classroom set of age-appropriate biographies, students will be able to read and research on their own, learning valuable

Index

Ballet Chicano de Aztlan, 14

Chicano Movement, 13, 16
Colorado Sports Hall of Fame, 8
Corky's Corner, 10
Crusade for Justice, 13
Currigan, Thomas, 11

El Teatro Pachuco, 14
Epworth Boxing Club, 6
Escuela Tlatelolco, 13–14, 17

Five Points, 10, 11

Gonzales, Geraldine Romero, 8, 9
Gonzales, Rodolfo
  birth, 2
  boxing career, 6–8
  death, 17
  education, 4–5
  marriage, 10
  parents, 2
  political campaigns, 10–11

"I Am Joaquin" (poem), 13

Kennedy, President John F., 11
King, Martin Luther Jr., 14, 18

Manual High School, 4

University of Denver, 5

War on Poverty, 11
West High School, 4, 15

Bibliography

Encyclopedia of the Great Plains. "Corky Gonzales." http://plainshumanities.unl.edu/encyclopedia/doc/egp.ha.015

Escuela Tlatelolco Charter School. www.escuelatlatelolco.org/Escuela_2013/Corky.html.

Mariscal, Jorge, "The Passing of a Legend," *El Semanario*, Denver, April 21, 2005.

Meyer, Jeremy P., "Library to Carry Activist's Name," *Denver Post*, June 21, 2013.

Munoz, Daniel H., "Civil Rights Icon 'Corky' Gonzales Dies at 76," *La Prensa*, San Diego, California, April 15, 2005.

Quintero, Fernando, "Hundreds Celebrate Gonzales," *Rocky Mountain News*, April 18, 2005.

Riley, Jorge-Ayn. Interview with Nita Gonzales, July 19, 2012.

Roper, Peter, "Disciples Pay Tribute to Chicano Leader," *Pueblo Chieftain*, April 24, 2005.

Sahagun Louis, "Rodolfo Gonzales, 76; Prizefighter, Poet, and Fervent Chicano Activist," *Los Angeles Times*, April 14, 2005.

Wood, Richard E. *Here Lies Colorado*. Helena, Montana: Farcountry Press, 2005.

Timeline

1967
Corky wrote his epic poem, "I Am Joaquin." Corky ran for mayor of Denver.

1968
Corky led the Poor People's Campaign and Demonstration for the Southwest region for the March on Washington.

1969
The Crusade for Justice held the first National Chicano Youth Conference in Denver.

2005
Rodolfo "Corky" Gonzales died in Denver.

2013
A branch of the Denver Public Library was named for Corky.

Timeline

1928
Rodolfo "Corky" Gonzales was born at Denver General Hospital.

1944
Corky graduated from Manual High School.

1947
Corky began boxing professionally.

1955
Corky retired from boxing and ran for Denver city council.

1960
Corky campaigned for presidential candidate John F. Kennedy.

1964
Corky ran for the Colorado State Senate.

1966
Corky founded the Crusade for Justice.

Minorities: a part of a population that differs from other groups in some characteristics and is often given unfair treatment.

Oppressed: controlled or ruled in a harsh or cruel way.

Politics: guiding or influencing government by being elected to office, such as serving as mayor of a town or governor of a state.

Protests: displays of disapproval.

Racist: a person who discriminates against or hates other people based on their race.

Rallies: gatherings of large numbers of people to promote a common purpose.

Revolution: a sudden, extreme, or complete change.

Siblings: brothers and sisters.

Social justice: treating all people fairly.

Troupe: a group of stage performers.

Union: an organization that seeks to improve the working conditions, wages, and benefits of workers.

Engineering: developing and using resources in ways that are useful to people, such as in designing and building roads, bridges, dams, or machines and in creating new products.

Featherweight: a very light weight; a person who weighs little, especially a boxer in a division who weighs no more than 126 pounds.

Five Points: one of Denver's oldest neighborhoods, northeast of downtown. Five Points got its name because the streets come together to look like a five-pointed star.

Heritage: traditions and history that are passed from generation to generation.

Indigenous: produced, growing, or living naturally in a particular region or environment.

Justice: fairness.

Migrant: a person who moves from place to place to find work.

Glossary

Activist: a person who believes in forceful action, such as a mass demonstration, for political purposes.

Amateur: a person who takes part in an activity for fun and not for pay.

Chicano Movement: a series of programs and events that brought attention to Mexican-American history and culture and sought to increase the influence of Mexican Americans.

Controversial: causing disagreements or disputes.

Dignity: the quality of being worthy, honored, or respected.

Discrimination: the practice of treating others unfairly because of their race or something else about them that they cannot change.

Questions to Think About

- What were the struggles and challenges in Corky's life?

- What is the name of Corky's famous poem? What is the poem about?

- How did the struggles in Corky's early life prepare him to be a leader of his people?

- How can you help the people in your community who struggle for a better life?

Questions for Young Chautauquans

- Why am I (or should I be) remembered in history?

- What hardships did I face, and how did I overcome them?

- What is my historical context (what else was going on in my time)?

He wanted them to gain economic and political power and to be respected. He spent his entire life working for these goals. Corky once said, "No man has a right to oppress people, and all oppressed people have the right to **revolution**."

community. Former Denver Mayor Federico Peña said, "He opened up many doors. Many people in this park stood on his shoulders, myself included."

In the spring of 2013, the Denver Library Commission voted to name a new library for Corky Gonzales. This decision was controversial because of Corky's past activism. Some people said that Corky had fought against the police and did not deserve to have a library named for him. Other people supported naming the library for Corky. Governor John Hickenlooper, former mayor Wellington Webb, and others said that he was a poet, that he worked with Martin Luther King Jr., and that he believed all people should have equal rights. After all the discussion, the library at Colfax Avenue and Irving Street was named for Corky.

Rodolfo "Corky" Gonzales was a man whose vision was equality for Chicanos. He wanted Chicanos to decide their own destiny.

Later Years

Corky was in a car accident in 1978. After the accident, his health declined. He died on April 12, 2005, in his home with his family and friends around him. He was 76 years old. Corky was independent until the end of his life. During his final illness, he decided to leave the hospital. He said, "I'm **indigenous**. I'm going to die at home among my family."

On April 17, 2005, hundreds of people marched to celebrate the life of Corky Gonzales and his impact on the Chicano Movement and the struggle for **social justice** for all **oppressed** people. Mourners walked from Escuela Tlatelolco, the independent school Corky founded, to a rally in Mestizo-Curtis Park. Many of Corky's friends spoke at the rally that celebrated Corky's struggles and accomplishments. Local and national leaders talked about his contributions to the Chicano

Chicano problems and demands. The youth conference also celebrated Chicano pride and cultural identity.

In the years that followed, Corky continued to be an activist and to speak on college campuses and around the country for the rights of minorities and poor people. He also continued to write about these issues. He worked with others to help organize a **union** for Mexican-American **migrant** farm workers. During the 1970s, Corky's influence on the Chicano Movement lessened. He was no longer as powerful as he once was. As time went on, he returned to boxing, but this time he taught boxing and trained boxers.

Corky was a family man in addition to being a writer, poet, and Chicano leader. He is surrounded by members of his family in this photograph.

year, Corky organized a student protest at West High School after a teacher was said to have made **racist** remarks about Chicano students. The Chicano community questioned the actions of the Denver Police Department during the student protest. Some people thought the police used too much force against the students.

Corky organized the first National Chicano Youth Conference. It was held in Denver, Colorado, in 1969, and led to the writing of El Plan Espiritual de Aztlan, a paper that listed provide a family place where Chicano ideas, culture, values, and experiences would be celebrated. The school was named Escuela Tlatelolco. In addition to teaching children, the school offered practical training to teachers so they could better educate Chicano students. Corky wanted to include the arts in the celebration of his people and started the Ballet Chicano de Aztlan dance **troupe** and a theater company called El Teatro Pachuco as part of the school. Escuela Tlatelolco is still in operation today in west Denver, and one of Corky's daughters has been principal of the school.

Some people saw Corky's work as an activist as **controversial** and at times, dangerous. He organized **protests** and spoke about **justice** for all people at college campuses across the country and in foreign countries. In 1968 he led a group of people to the Poor People's Campaign in Washington, DC, that Dr. Martin Luther King Jr. organized. That same

Activist

Corky kept working to help the people in the Chicano community. In 1965 he founded the Crusade for Justice. This organization led to the national **Chicano Movement** that helped to provide equal education for Mexican Americans and increased awareness of discrimination against **minorities**. During this time, Corky wrote his famous poem, "I Am Joaquin / Yo Soy Joaquin." This poem tells about the journeys of a young boy named Joaquin (WA-keen), who travels through history. He begins as an Aztec Indian, then as a Mexican, and finally as a Mexican American. Many Chicano people were inspired by his poem because it made them feel proud of their history and their own journeys. This poem was read aloud at **rallies** and performed as a play. The poem is widely read today.

In 1970 Corky started a school for Chicano children. The mission of the school was to

elections, he continued to seek ways to make life better for the people in his community.

community to have more employment opportunities, and he wanted the city of Denver to consider lowering taxes for people living in Five Points. In spite of his ideas, Corky lost the election.

In 1957 Corky was the first Mexican American chosen to be a district captain for the Democratic Party. In the 1960s, he was appointed director of Denver Neighborhood Youth Corps by Mayor Thomas Currigan. During this time, Corky also acted as the Denver director of the War on Poverty, an organization that helped poor people.

After losing the election for the city council, Corky was still determined to serve his community as a leader in politics. Corky campaigned for John F. Kennedy, who ran for president of the United States in 1960. In 1964 Corky ran for state senator, and in 1967, he ran for mayor of Denver but was defeated by Thomas Currigan. Although he was unsuccessful at winning any of these

Business and Politics

After a successful boxing career, Corky became a businessman in Denver. He opened a club named Corky's Corner at the corner of 38th Avenue and Walnut Street. It was one of Denver's first sports bars. Many Chicanos went there to discuss the events of the day, their community concerns, and other affairs.

While raising a family and working, Corky also became involved in **politics**. In 1955 he ran for city council to represent the **Five Points** community. His campaign slogan was "STOP, LOOK, and VOTE for Corky Gonzales." During his political campaign, Corky expressed concerns about the many problems facing his community and pledged to work hard for the people in Five Points. He promised to work for more activities for young people and for more and better public housing. He also wanted his

Corky and Geraldine Romero Gonzales on their wedding day in 1949.

over the United States, representing Chicanos with pride. In 1952 his last professional fight raised money for the Latin American Education Fund in Denver. *Ring Magazine*, a boxing magazine, ranked him the third best boxer in the world. Much later, in 1988, Corky was inducted into the Colorado Sports Hall of Fame.

In 1949 he married Geraldine Romero, a young woman from Brighton, Colorado. The couple eventually had a family of eight children—six daughters and two sons.

Corky Gonzales became a professional boxer in 1947. Boxing allowed Corky the opportunity to travel to cities all over the United States as a proud Mexican-American boxer.

Boxing Career

Corky did not have many career choices. One career that was open to young Chicanos was boxing. In 1944 he began boxing as a **featherweight** because he weighed only 125 pounds. He trained and boxed at the Epworth Boxing Club in Denver where he won the Golden Gloves and Diamond Gloves tournaments. Corky was a successful boxer. In 1946 he was the Colorado Regional **Amateur** Flyweight Champion. He was also the national Amateur Athletic Union Bantamweight Champion.

In 1947 Corky became a professional boxer and began earning money for boxing. He fought and won 65 out of 75 fights as a professional featherweight. During his time as a fighter, Corky lived in Omaha, Nebraska, and Minneapolis-St. Paul, Minnesota. He fought many great fighters in major cities all money he earned by working odd jobs and working at Gates Rubber Company in Denver.

Corky enrolled in the University of Denver, a private college. In the 1940s, it was uncommon for a Chicano student to attend a private university. After the first quarter, Corky realized it was too expensive to attend the University of Denver and decided to withdraw. This decision opened a new chapter in Corky's life.

He often expressed his opinions. One of his uncles gave him the nickname "Corky," because as a child, Rodolfo was "always popping off like a cork" with his comments and opinions.

Corky faced many obstacles at an early age. He knew that having a good education would help him overcome the challenges of poverty and **discrimination**. He attended many Denver Public Schools including Gilpin and Whittier Elementary Schools, Lake and Baker Middle Schools, and West High School. He carried a "B" average, and at the age of 16, Corky earned his high school diploma and graduated from Manual High School in 1944.

Corky was able to keep up with his studies while working part-time. He held jobs from the time he was ten years old. He worked as a pinsetter in bowling alleys and as a farm hand picking vegetables. After finishing high school, Corky wanted to attend college and study **engineering**. He worked hard and saved the

Corky grew up in the eastside barrio of Denver. His uncle nicknamed him "Corky" because he was always "popping off like a cork" with his comments and opinions.

Early Years

Rodolfo Gonzales was born on June 18, 1928, in Denver, Colorado. Life was not easy for Corky and his **siblings**. His mother died when he was two years old. His father raised Corky and his eight brothers and sisters. They lived in the eastside barrio, a Spanish-speaking neighborhood in Denver. Corky's father, Federico, was from Buena Ventura, Chihuahua, Mexico. Corky's mother, Indalesia Lucero, was born in Colorado in 1889. Corky's father raised his children with a firm, but loving hand. His father often told stories about leaving Mexico as a young person to live in the United States. His father also spoke of Mexico's history and the **dignity** of the Mexican people.

The stories his father told left a lasting mark on Rodolfo and had a major impact on his life. Rodolfo was always outspoken.

Introduction

Rodolfo Gonzales was a man who saw and experienced the struggles of Mexican Americans (Chicanos). Because of his sense of pride in his **heritage** and his leadership skills, he became an **activist** who worked to create opportunities for Mexican Americans and African Americans. He wanted to help them appreciate their cultures.

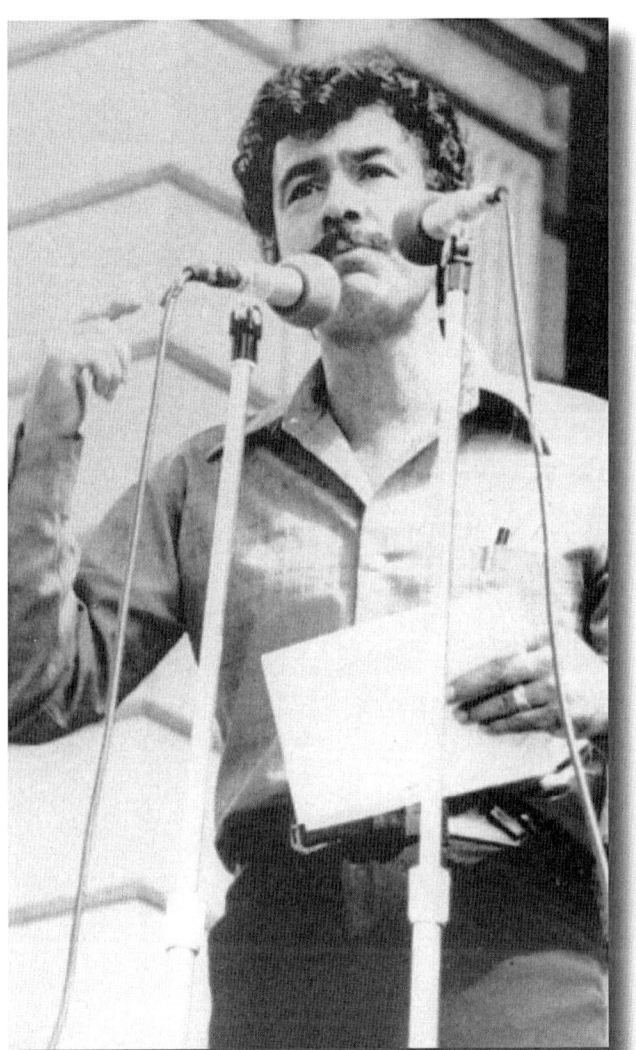

Rodolfo "Corky" Gonzales, 1928–2005

Corky often spoke to crowds of people about his ideas for the Chicano community. This 1960s photograph was probably taken at the Colorado state capitol.

Contents

Introduction.................... 1
Early Years 2
Boxing Career 6
Business and Politics............ 10
Activist....................... 13
Later Years 17

Questions to Think About 20
Questions for Young Chautauquans.. 20
Glossary....................... 21
Timeline....................... 24
Bibliography................... 26
Index 27
About this Series............... 28
Acknowledgments 30
About the Author............... 32

We start to Move
La Raza!
Mejicano!
Latino!
Chicano!
Or whatever, I call myself,
I look the same
I feel the same
I cry and sing the same

From "I Am Joaquin / Yo Soy Joaquin"
by Rodolfo Gonzales

Great Lives in Colorado History

Augusta Tabor by Diane Major
Barney Ford by Jamie Trumbull
Benjamin Lindsey by Gretchen Allgeier
Bill Hosokawa by Steve Walsh
Charles Boettcher by Grace Zirkelbach
Chief Ouray by Steve Walsh
Chin Lin Sou by Janet Taggart
Clara Brown by Suzanne Frachetti
Doc Susie by Penny Cunningham
Elbridge Gerry by Jennifer L. Buck
Emily Griffith by Emily C. Post
Enos Mills by Steve Walsh
Fannie Mae Duncan by Angela Dire
Felipe and Dolores Baca by E. E. Duncan
Florence Sabin by Stacey Simmons
Frances Wisebart Jacobs by Martha Biery
Hazel Schmoll by Penny Cunningham
Helen Hunt Jackson by E. E. Duncan
Kate Slaughterback by Lindsay McNatt
Katharine Lee Bates by Monique Cooper-Sload
John Dyer by Jane A. Eaton
John Routt by Rhonda Rau
John Wesley Powell by Suzanne Curtis
Josephine Aspinwall Roche by Martha Biery
Justina Ford by K. A. Anadiotis
Little Raven by Cat DeRose
Otto Mears by Grace Zirkelbach
Ralph Carr by E. E. Duncan
Richard Russell by Christine Winn
Robert Speer by Stacy Turnbull
Rodolfo "Corky" Gonzales by Jorge-Ayn Riley
William Bent by Cheryl Beckwith
Zebulon Montgomery Pike by Steve Walsh

Rodolfo "Corky" Gonzales
by Jorge-Ayn Riley

This book is dedicated to my family and friends
who supported me during the writing of this book.

ISBN: 978-0-86541-182-1
LCCN: 2013947135

Produced with the support of Colorado Humanities and the National Endowment for the Humanities. Any views, findings, conclusions, or recommendations expressed in this publication do not necessarily represent those of the National Endowment for the Humanities or Colorado Humanities.

Cover photo courtesy DPL, Western History Collection

Copyright © 2013 by Denver Public Schools and Colorado Humanities.

No part of this publication may be reproduced or transmitted in any form or by any means without permission in writing from the publisher. Contact Filter Press, LLC, at 888.570.2663 or info@FilterPressBooks.com.

Printed in the United States of America

Published by Filter Press, LLC, in cooperation with
Denver Public Schools and Colorado Humanities

Rodolfo "Corky" Gonzales

Chicano Activist

by Jorge-Ayn Riley

Filter Press, LLC
Palmer Lake, Colorado